AF250625

Vive
LA RÉPUBLIQUE!

> Ne suis-je pas citoyen comme
> tous tous ? Écoutez - moi donc
> quand je dis la vérité.
>
> MÉNANDRE.

LYON.

Maison de Commission de Librairie,
Quai des Célestins, n° 49.

—

1832.

Vive

LA RÉPUBLIQUE !

> Ne suis-je pas citoyen comme vous tous ? Écoutez - moi donc quand je dis la vérité.
>
> MÉNANDRE.

PRIX : 75 CENTIMES.

LYON.

MAISON DE COMMISSION DE LIBRAIRIE,
QUAI DES CÉLESTINS , Nº 49.

1832.

Vive la République !

Voyez ce rocher que l'homme a renversé : là jadis était une forteresse. Elle menaçait la ville, et le bourgeois timide ne passait qu'en tremblant sous l'arche gothique qui défendait l'entrée de ses cachots féodaux. C'est de ce lieu qu'on vit sortir sept hommes portant de longues piques. Sept têtes sanglantes et mutilées leur servaient de couronnes. C'étaient les premiers panonceaux de la république.

Après les massacres des 2 et 3 septembre, les auteurs de cette horrible boucherie envoyèrent à Lyon plusieurs propagandistes, à la tête desquels était Chalier, piémontais de naissance, escroc et banqueroutier frauduleux. Il commença l'exercice de sa mission par l'égorgement de cinq prisonniers incarcérés précédemment pour de

simples faits de police correctionnelle. Il ouvrit
ensuite, sous le titre de Club central, une assemblée soi-disant populaire. Le 6 février 1793 il
proposa, à cette assemblée, composée d'environ
six cents individus, de s'emparer de l'artillerie et
de se saisir de tous les riches Lyonnais. Le pré-
texte qu'il avait mis en avant était la découverte
d'une prétendue conspiration. Tous les détenus
devaient être décapités, et leurs corps jetés dans
le Rhône. Le défaut de secret fit échouer cet
exécrable projet, et le club fut dispersé. Mais le
comité de salut public ayant envoyé à Lyon une
partie de l'armée révolutionnaire de Paris, on
rétablit le club central; la municipalité fut re-
nouvelée, et Chalier se fit nommer procureur de
la commune. Il y avait alors dans Lyon deux
forces qui se choquaient : celle du club et de la
municipalité d'un côté, celle des sections de
l'autre. Un de ces deux partis voulait piller et
égorger, l'autre voulait défendre sa vie et ses
propriétés. On apprit, le 29 mai, que par ordre
de la municipalité, de concert avec le club, plus
de cent pères de familles avaient été jetés dans
les fers pendant la nuit, et qu'ils devaient être
mis à mort le jour même. Les sections s'empa-
rèrent de l'arsenal et des armes. Le combat s'en-
gagea et se soutint des deux côtés avec un égal
acharnement; mais enfin les sections eurent le
dessus. Chalier fut mis en jugement et condamné
à mort par le Tribunal du département, après l'ins-

truction la plus régulière. Ainsi finit ce monstre, qu'on ne peut bien caractériser qu'en l'appelant le *Marat* de Lyon. Et pour qu'il ne lui manquât aucune ressemblance avec l'autre Marat, il eut, comme lui, après le bombardement de cette ville infortunée, les honneurs de l'apothéose, et l'on criait *vive la république!*

Il fallait venger le héros républicain : quarante mille hommes sont aux portes de la ville, et Lyon est traitée en ville rebelle.

Ils virent flotter le drapeau noir sur le grand hospice, et le grand hospice fut foudroyé ; le boulet a frappé dans son lit de douleur le malheureux blessé, et les soldats de Robespierre ont crié *vive la république!*

Mais il fallut céder à la force : la lutte n'était plus égale et le combat avait duré soixante-trois jours.

C'est alors que Lyon vint à jouir des bienfaits de la république : ses familles décimées, ses monumens renversés, ses maisons démolies.

Et son nom même a changé.

Je traversai la place des Terreaux, j'avais douze ans alors, et je vis une hideuse main soulever une tête ensanglantée, le peuple cria *vive la république!* Je fuyais ce lieu d'horreur; la foule arrêtait mes pas. J'arrivai chez mon vieux père; mes vêtemens étaient souillés du sang de ma famille. C'était la tête de mon oncle que le bourreau m'avait montrée! et le peuple criait *vive la république!*

Dix têtes seulement!!! et la patrie est en danger! Modérés que vous êtes, n'avez-vous donc plus de sang à nous offrir? Le club ordonne!!!!! deux cent neuf Lyonnais sont mitraillés aux plaines des Broteaux; le dragon révolutionnaire a sabré le malheureux qui s'enfuit déjà blessé par le plomb meurtrier; le flot du Rhône est sillonné de sang, et le peuple a crié *vive la république!*

Qui assassina l'honnête Bailly? la république. Par qui fut égorgé l'illustre Lavoisier? par la république.

Et les massacres d'Avignon! et les noyades de Nantes!... toujours la république.

N'était-ce pas au cri de *vive la république!* qu'on vit s'écrouler le quartier de Bourgneuf, et le prolétaire en bonnet rouge, assis sur les ruines de *Bellecour*, criait à son tour, tout glorieux du vandalisme de ses maîtres : *vive la république!*

Ne croit-on pas sortir d'un songe affreux, en

se rappelant d'aussi horribles forfaits. Et nous, Lyonnais, qui à chaque instant, à chaque pas rencontrons des traces de sang ou de feu, nous semblerions regretter ces temps d'exécrable mémoire. Ah! le mot seul de république doit, au moins pour le moment, nous faire reculer d'horreur et d'effroi; et cependant nous les voyons encore rêver ces momens de terreur.

Plus de Roi! la liberté, l'égalité.

La liberté, c'est le droit de se partager les dépouilles du riche; l'égalité, c'est l'asservissement du peuple par l'élévation de quelques intrigans.

Ils se donnent entr'eux des banquets patriotiques et nous préparent pour la deuxième fois le festin de Lycaon (1).

Et cette égalité qu'ils nous prêchent : qu'ils fassent donc asseoir leurs laquais à la droite de leur jeune épouse; qu'ils unissent leurs enfans au garde-chiourme ou au sergent de ville; qu'ils traversent la place publique donnant le bras à leur décroteur, et voilà l'égalité!

Mais, disent-ils, la liberté c'est la participation

____

(1) Après avoir incendié le château de M. de Polémieux, les républicains se partagèrent ses membres qu'ils firent griller sur le brasier; ils forçaient ensuite les personnes qu'ils rencontraient à les manger.

du peuple à la puissance législative. Distinguons. Pour nous, bien ; mais pour eux c'est la licence ou le débordement.

L'égalité, c'est l'égalité devant la loi. Pour nous, bien ; mais pour eux c'est l'égalisation des fortunes.

Car le peuple ne nomme-t-il pas ses mandataires ? les lois n'émanent-elles pas des deux Chambres ?

Ne sommes-nous pas égaux devant la loi ? Le libelliste gagé par les factions n'est-il point puni comme l'assassin ou le faussaire ?

Or, que désirent-ils donc ? Nous le savons, et le dirons plus tard.

Cependant ils en imposent au vulgaire, et leur démagogie pourrait obtenir quelques succès si nous étions au douzième siècle. Mais le peuple en général n'est plus la dupe de ces mensonges et de ces jongleries ; il sait trop bien le cas qu'il doit en faire. Le peuple ne cherche point à s'enrichir au dépend d'autrui, il subsiste de son travail ; chez lui nulle ambition, nulle arrière pensée. Occupé du soin de sa famille, peu lui importe que le pouvoir soit entre les mains d'un prince héréditaire ou d'un roi électif. Son affaire, c'est de l'ouvrage. Il n'a pas besoin de ces convulsions intérieures qui tuent le commerce ; c'est du pain qu'il lui faut et non des émeutes.

Et puis ils comptent sur les masses. Insensés...
une fois arrivés au pouvoir ils seront renversés à
leur tour et forcés à s'expatrier; ils n'auront pas
même le courage de vendre chèrement leur vie.

Et leurs chefs que sont-ils? d'où sortent-ils? ne
le sait-on pas. Peut-on douter que les étrangers à
notre ville, qui cherchent à remuer les passions,
à nous soulever contre le roi de juillet, à nous ar-
mer les uns contre les autres, ne sont tout bonne-
ment que des carlistes déguisés, qui, par la république qu'ils nous prêchent, veulent nous ramener
Henri V. Belle destinée qu'ils nous préparent!
bientôt disparaîtraient les guillotines ambulantes,
les gibets féodaux viendraient les remplacer.

Nous verrions nos provinces inondées de Russes
et d'Autrichiens; le bon plaisir de la sainte alliance
des rois nous tiendrait lieu de Charte constitu-
tionnelle; le duc de Modène promènerait son in-
solence dans nos palais des beaux-arts et frappe-
rait du pied cette colonne, monument éternel de
la gloire des Français.

Cependant, s'il ne s'agissait de choses tant
sérieuses, si l'amour de la patrie ne faisait battre
notre cœur, pourrait-on s'empêcher de rire de
ces folies?

Ils veulent élire une demi-douzaine de souverains, et peuvent à peine nommer un sergent-major de leur garde nationale.

Ils attendent le vote du peuple-ouvrier, et le peuple-ouvrier n'a pas voulu participer à l'élection du conseil municipal.

Vive la république! quand même. Il nous faut un président, des directeurs. Or la France, au moins je le suppose, a ses quatre points cardinaux, nord, sud, est, ouest.

> *Nord*, directeur républicain.
> *Sud*, id. carliste.
> *Est*, id. modéré.
> *Ouest*, id. carliste.

Total: 1 républicain, 2 carlistes, 1 modéré. Guillotinons le modéré, reste deux contre un, et voilà bien Henri V. Et puis j'avais oublié les assignats: la république ne marche jamais sans cela; le papier-monnaie n'est-il pas la plus belle garantie nationale?

Quant au président de la république, il est tout naturel que chaque département ait l'ambition d'en faire la fourniture. Or, nous en aurons bientôt 86. Or, quatre-vingt-six têtes couronnées cela est fort honnête.

Mais reprenons le ton sérieux qui convient en traitant d'aussi graves matières.

Après avoir esquissé à grands traits quelques-unes des scènes sanglantes qui ont eu lieu à Lyon pendant la république, examinons maintenant si malgré le progrès des lumières, les mêmes événemens pourraient se reproduire avec une république nouvelle.

Si nous parvenons à démontrer qu'un gouvernement républicain ne saurait exister, quant à présent, en France sans ramener avec lui toutes les horreurs de notre première république, nous aurons prouvé que les partisans actuels de cette forme de gouvernement sont pour la plupart des hommes sans bonne foi ou sans jugement.

Arrivons au fait et supposons la république proclamée. Personne ne saurait disconvenir que ce nouvel ordre de choses viendra jeter une grande perturbation dans l'ordre social et qu'une cessation de commerce, au moins momentanée, se fera vivement sentir alors.

Il faudra donc s'occuper immédiatement de l'amélioration *matérielle* du sort de la classe ouvrière, et nous ne voyons, pour y parvenir, que deux moyens principaux : la diminution, sinon la suppression totale des impôts qui frappent cette grande partie de notre population, et l'augmentation du salaire ou de la main d'œuvre.

Mais pour diminuer les impôts il faut pouvoir restreindre le chiffre énorme de notre budjet; et cependant, avec la république, il faudra se préparer à la guerre, et pour cela doubler la force numérique de notre armée.

Pour augmenter le prix de la main d'œuvre de l'ouvrier il faut la prospérité du commerce, et personne ne contestera que sans la paix cette prospérité ne peut exister. Or, si ces deux moyens que nous venons d'indiquer pour améliorer le sort de la classe ouvrière ne peuvent être employés, nous n'en voyons point de possibles, sinon les *emprunts forcés*, *les réquisitions*, *le séquestre* et en un mot toutes les mesures *exceptionnelles* et extra-légales qui eurent déjà lieu sous la république.

Ces mesures amèneraient infailliblement la sédition, la révolte, l'intensité de l'insurrection des provinces de l'Ouest et très-probablement des troubles graves dans le midi de la France; delà les arrestations, les tribunaux extraordinaires et la guillotine enfin.

Une conséquence inévitable de l'installation d'un gouvernement républicain serait donc la guerre civile alimentée par l'or du parti carliste; l'envahissement de la France par les armées étrangères et toutes les chances d'une guerre terrible contre des ennemis animés par l'espoir du pillage dans un pays qui les a déjà vu deux fois.

Sans doute notre armée combattrait vaillamment pour la défense du territoire; mais Waterloo est encore présent à notre pensée; la victoire pourrait encore trahir le courage de nos soldats.

L'insurrection redoublerait alors dans l'Ouest et dans le Midi, et avec elle les mesures de proscription et de sang que l'on suppose propres à la comprimer et qui ne font que rendre la paix intérieure plus difficile et la réconciliation plus longue.

Il est impossible de se défendre de l'idée qu'au milieu d'un tel désordre les armées étrangères ne triomphassent sur le sol même de notre belle patrie, et que nous n'eussions à subir, après une longue occupation, le retour d'Henri V et des rois que nous avons chassés.

Au milieu de nos méditations politiques une réflexion douloureuse vient se mêler à nos pensées : pourquoi faut-il qu'un homme que toute la France honore, un homme qui accourt parmi nous pour y remplir le plus saint des devoirs, celui de défendre un accusé, accepte les honneurs d'un banquet où la santé du roi des Français est formellement proscrite?

Ne craignons pas de le dire, de la part de M. Odilon-Barrot, c'est là une faute, et pour la patrie c'est peut-être un malheur; car il n'est guère probable que le Roi se décide jamais à appeler dans son conseil un homme qui dans une circonstance de cette nature aurait oublié, méprisé, tranchons le mot, le monarque et la monarchie de juillet.

En résumé, nous avons prouvé que la nouvelle république qu'on nous offre ne pourrait exister, même durant quelques mois, sans traîner à sa suite les *emprunts forcés*, *le sequestre des biens*, *les proscriptions*, *les cachots*, *la guillotine*, *l'invasion ennemie*, *une troisième restauration et Henri V enfin.* Hâtons-nous cependant de le dire, loin de nous l'idée que jamais un gouvernement républicain ne puisse exister en France ; nous pensons au contraire que c'est le gouvernement inévitable de la civilisation ; mais nous pensons aussi que nous ne sommes pas murs pour un pareil ordre de choses, et que pour être durable la république doit exister dans nos mœurs, dans notre éducation publique, avant d'*être* mise en action, en réalité.

Cependant, il faut l'avouer, notre position actuelle n'est pas tenable. Nous ne pouvons rester plus long-temps dans l'incertitude d'une paix claire et positive ou d'une guerre ; car il faut amoindrir les charges qui pèsent sur l'Etat, et toute diminution est à peu près impossible avec 400,000 hommes sous les armes.

Mais tout en admettant le droit incontestable, constitutionnel, de critiquer et de critiquer hautement les actes et la conduite du gouvernement, nous n'admettrons jamais une opposition séditieuse et *la révolte comme le plus saint des devoirs, tant que la constitution n'aura pas été ouvertement violée.*

Ainsi, conséquent avec nous-même, nous demandons à grands cris, non pas la destruction de la monarchie de juillet, mais l'accomplissement des promesses faites alors. Nous demandons

Une loi sur la responsabilité des ministres et de tous les agens du pouvoir;

Une loi sur l'instruction publique;

Une loi sur les administrations municipales et départementales, qui affranchisse les communes de la centralisation, pour tout ce qui est d'un intérêt purement local;

Une loi sur la réorganisation des Tribunaux, afin de les purger des carlistes qui s'y trouvent peut-être en majeure partie;

Une loi sur l'état de siége, qui préserve les citoyens des cours martiales, tout en donnant de la force à l'autorité là où la révolte et l'insurrection éclatent;

Une loi qui répartisse l'impôt de façon à ne le faire peser que sur le superflu et jamais sur le *stricte nécessaire;*

Enfin, une loi qui place le clergé sous la dépendance de l'autorité municipale, afin qu'il soit soldé par elle, révocable par elle, et qu'alors il ne fasse plus corps à part dans l'Etat, qu'il soit identifié avec le peuple et cesse entièrement d'être soumis à un chef *ultra-montain.*

Ces améliorations obtenues, et elles ne sauraient nous être refusées, nous arriverons successivement et par gradation aux institutions républicaines. Alors le cri de *vive la république!* pourra être proféré sans danger, parce qu'il sera dans nos mœurs et parce que nous n'aurons plus en France quinze millions d'hommes qui ne savent pas lire.

Genay, le 1er septembre 1832.

DE NERVAUX.

ERRATA.

Page 10, *ligne* 23, *au lieu de :* Or, quatre-vingt-six têtes, etc., *lisez :* Quatre-vingt-six têtes.